コンストラクティング ウォーキング ジャズ ベースラインズ ブック II

ウォーキングベースラインズ リズムチェンジ（循環）イン 全12キー

ウォーキングジャズベースラインズを構築する為の
コンプリートガイド

ベースタブ譜バージョン

エレクトリックベース対応

著者 STEVEN MOONEY
スティーブン・ムーニー

© Waterfall Publishing House 2011

献辞

ジミー・バス、ダーシー・ライト、チャーリー・バナコス、
そして我が妻マドカ、彼女の変わらぬ愛情とサポートへ

Copyright © WATERFALL PUBLISHING HOUSE 2011

This title is published by Waterfall Publishing House
Astoria, New York USA 11102

All Rights Reserved
No part of this publication may be produced, stored in a retrieval system or transmitted in any form or means, photocopying, mechanical or electronic without prior written permission of Waterfall Publishing House.

Print Edition ISBN 978-0-9829570-3-5
eBook   ISBN 978-0-9829570-7-3

Library of Congress Control Number: 2010938918

日本語版出版物   ISBN 978-1-937187-19-4
日本語版イーブック   ISBN 978-1-937187-20-0

Musical Score : Jazz
Musical Score : Studies & exercises, etudes

Layout and music engraving by Steven Mooney
Cover Design by Steven Mooney
Japanese translation by Shinya Yonezawa and Madoka Mooney
訳者　米澤 信哉
　　　マドカ ムーニー

© Waterfall Publishing House 2011

まえがき

　「リズムチェンジ（循環）イン　１２キー　ベースタブ譜バージョン」は、エレクトリックベース奏者の為の"コンストラクティング　ウォーキング　ジャズ　ベースラインズ"シリーズの第２弾です。
　シリーズ第一弾「ブルース　イン　１２キー」に引き続き、第二弾の本書では意欲的なベーシストの為に、ジャズベーシストとして"知っておくべき"ジャズコード進行（循環）を取り上げて、その深い理解と勉強が出来る様になっています。
　また本書は、トラディショナルなジャズで演奏されている、ウォーキング　ジャズ　ベースラインを構築する為の技法を詳しく説明している、パーフェクトなガイド本でもあります。

　パートⅠでは、フォワードモーションや、力強いハーモニーとリズムの基礎をベースラインに取り入れる為の技巧を取り入れた、プロフェッショナル　ジャズベーシストによる、様々なテクニックを紹介しています。
　全てのエクササイズで、エレクトリックベースのボトムレジスターを用いた力強いジャズベースラインを提供しています。
　またエレクトリックベーシストへのボーナスとして、パートⅠ,Ⅱ,Ⅲでは、全体を通して、オープンポジションとファーストポジションでのBbのリズムチェンジ（循環）の完全ガイドを掲載しています。
　このガイドは、力強さの形成、音程の安定、そしてエレクトリックベースベースのボトムレジスターを用いて、テンポを速めても尚かつ、安定したウォーキングベースラインをキープする等、の技術を得るのに非常に優れたガイドです。

　パートⅣでは、パートⅠ,Ⅱ,Ⅲで使ったテクニックをさらに広げたレッスンして、ベーシストとしての技術的向上を目指す者の為に、プロフェッショナルレベルのベースラインを、１２全てのキーで紹介しています。そのベースラインは、ホールレジスターを用いた７０コーラスを超える実例を含んでいます。本書全体を通してでは、１００コーラスを超える実例が収録されています。
　その実例のベースラインでは、多くの重要な上級テクニックが織り込まれていますが、そのテクニックは、ジャズスタイルの中のベース本来の役割から逸れる事が決してないように考慮されています。ベースの持つリズムの力強い基礎部分、そして音楽を形作るハーモニーを演奏出来るように、そしてメロディー／ソロイストをサポートする為のテクニックを身に付ける事が出来るようにと、この本は作られました。

© Waterfall Publishing House 2011

目次

パートⅠ

リズムチェンジ .... p. 6
AABA フォーム .... p. 7
ローマ数字表記によるAABAフォームの構造 .... p. 9
Bbメージャーのキーにおけるダイアトニックセブンスコード .... p. 11
"2"フィール .... p. 12
"2フィール"を装飾する .... p. 13
ドミナントセブンスコード .... p. 18
ジャズベースラインでのドミナントセブンスコードの使用例 .... p. 20
下からのクロマティック（半音階）アプローチ .... p. 22
上からのクロマティックアプローチ .... p. 24
クロマティシズム、、、、
ウォークアップとウォークダウン .... p. 26
同音連打とクロマティシズム .... p. 30
ハーモニックアンティシペーション
（和声的な先行打）及び、小節をまたぐ奏法 .... p. 32
ボイスリーディングとセブンスコード .... p. 34
ジャズベースラインでのセブンスコードのボイスリーディング使用例 .... p. 35
ペダルポイント .... p. 37
トライトーンサブスティチューション（トライトーン代理） .... p. 39
トライトーンサブスティチューションの応用的な使用 .... p. 40
ターンアラウンド .... p. 42
ターンアラウンドと、AABAフォーム .... p. 44

パートⅡ

リズムチェンジにおける"A"セクションのコード進行 .... p. 47

© Waterfall Publishing House 2011

目次

パート III

リズムチェンジ"ブリッジ" .... p. 81
セカンダリードミナントコード .... p. 82
ブリッジにおける代理コード使用例 .... p. 83

パート IV

リズムチェンジ イン 12キー .... p. 89
リズムチェンジ イン Bb .... p. 90
リズムチェンジ イン B .... p. 106
リズムチェンジ インC .... p. 118
リズムチェンジ イン Db .... p. 130
リズムチェンジ イン D .... p. 142
リズムチェンジ イン Eb .... p. 154
リズムチェンジ イン E .... p. 166
リズムチェンジ イン F .... p. 178
リズムチェンジ イン Gb .... p. 190
リズムチェンジ イン G .... p. 202
リズムチェンジ イン Ab .... p. 214
リズムチェンジ イン A .... p. 226

終わりに .... p. 238

© Waterfall Publishing House 2011

リズムチェンジ（循環）

　リズムチェンジ（循環）は、ブルースと並び、ジャズミュージシャンのボキャブラリーの、基礎的なパートを担っています。
　これから続くチャプターでは、どのようにしてリズムチェンジ（循環）の曲をアプローチしていくかについて、様々な視点を通して解説していきます。

　ベーシストとしての技術的向上を目指す者にとって、これから続くチャプターが示す１２キーの具体例に沿って練習する事は、とても大切な事です。
　その練習を終えた後のアドバイスとして、色々な独自のベースライン を、本書のAセクション、Bセクションの様々な代理コードの例を元に、組み合わせて作ってみて下さい。その際に、自分のベースラインは、五線紙に書留めて下さい。
　譜面にする事で、自分のラインをまとめたり、聞き直す事が可能になり、それを実践する事によって、独自のスタイルを持つジャズベーシストになる道が早まります。

　ジャズベーシストが、演奏している曲のハーモニーに対する深い理解、力強いリズムの基礎、そして何よりも独自のサウンドと個性を持つという事は、とても重要な事なのです。

Enjoy the book.

© Waterfall Publishing House 2011

パートⅠ　　　リズムチェンジ（循環）AABAフォーム

次の練習課題は、Bbのリズムチェンジ（循環）における、フォームとコード進行を示しています。リズムチェンジ（循環）はたくさんのジャズのスダード(原文ママ)と同じようにAABA形式で１コーラス３２小節から成り立っています。

ファースト Aセクション - 8小節,　セカンド Aセクション - 8小節
ブリッジ　或は　Bセクション - 8小節,　ラスト Aセクション - 8小節

Bセクション(ブリッジ)
ラスト Aセクション

ローマ数字表記によるAABAフォームの構造

次の例は、数字、すなわちローマ数字を使った、リズムチェンジのフォームを示しています。ジャズでは、コードの構造やメロディーラインを表すのに、正確で時間が節約できる方法として、数字による表記が一般的に使われています。この数字、というのは、ダイアトニックコードのスケール（音階）の何度に当たるか、というところから来ているものです。

次の例では、五線譜の上に、一般的なリズムチェンジのコードが、下に、その関連するローマ数字が書かれています。

ファースト Aセクション

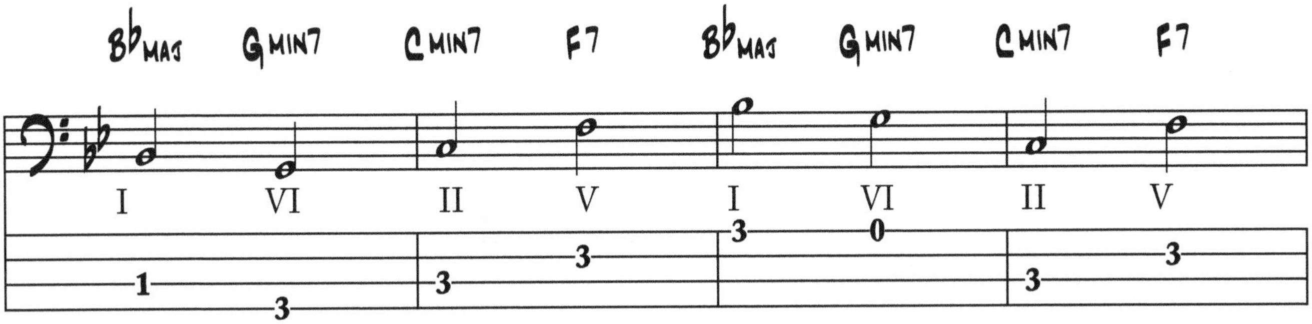

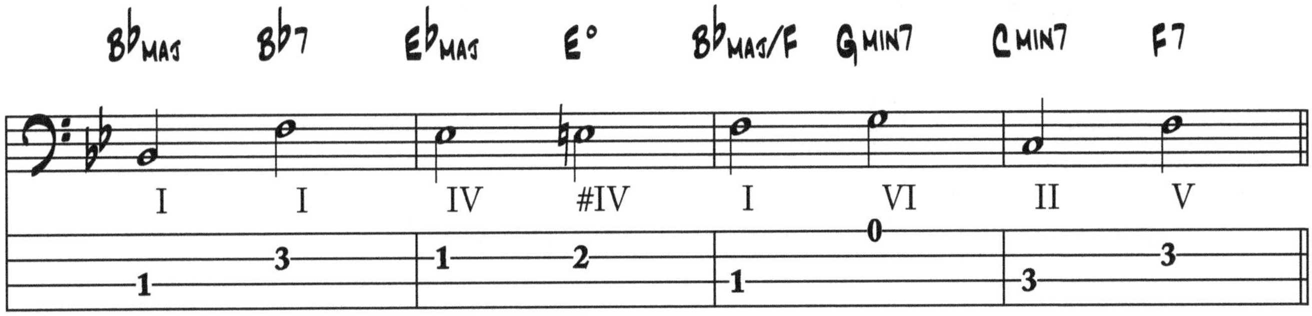

セカンド Aセクション

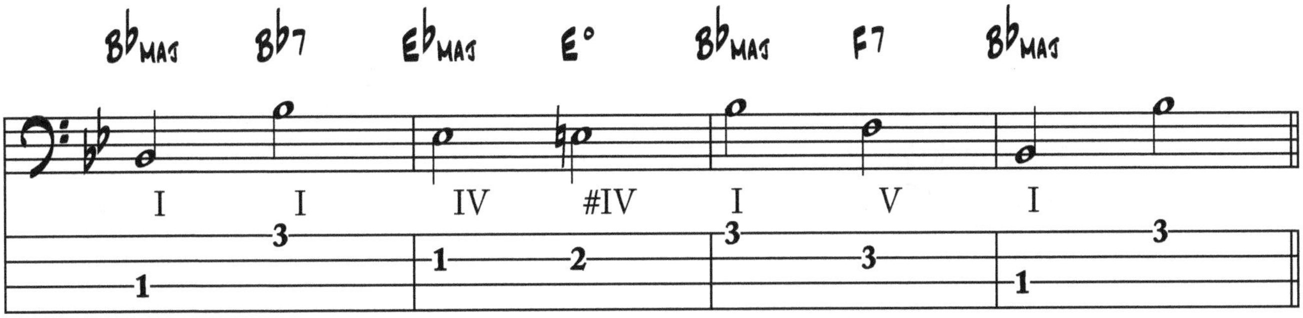

© Waterfall Publishing House 2011

ブリッジ、すなわちBセクションにおいて、ドミナントセブンスの連続が見られます。これは、セカンダリードミナントを構成する、V of V サイクル（5度下のドミナントコードに解決するドミナントコードの連続）として知られています。
これに関しては、82ページのブリッジに関するチャプターにおいて、より詳しく述べられることになっています。

Bbメージャーのキーにおけるダイアトニックセブンスコード

　次の例は、Bbメージャースケールから取り出した、ダイアトニックセブンスコードを示しています。ベーシストにとって、ダイアトニックセブンスコードを、どのように作るのか知っておくことは、ローマ数字によるシステムが、実際どのように使われているのかを理解するのに役立ちます。
　最初の例は、Bbメージャースケールです。
　第二の例では、そのBbメージャースケールから作ったダイアトニックセブンスコードを表しています。ダイアトニックセブンスコードは、スケールより３度間隔で組み立てられます。コードは、ルート音から始めて、３度間隔、別の言い方では、ダイアトニックスケール上で、２音上、の間隔で組み立てられます。

例えば、Bbメージャーセブンスを組み立てる場合、各音は、Bb　D　F　Aとなり、Cマイナーセブンスコードの場合では、C　Eb　G　Bbとなります。

Bbメジャースケール

Bbメージャースケールから作られた、ダイアトニックセブンスコード

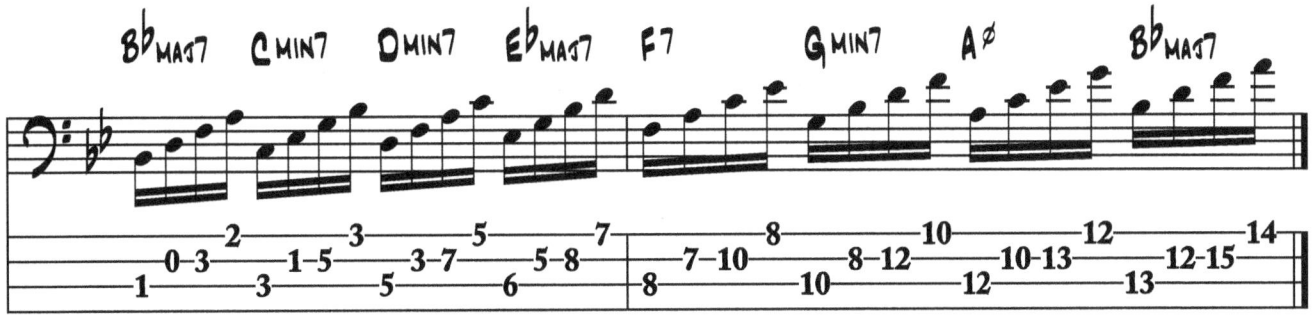

ローマ数字表記によるシステム

　ここで、上記のダイアトニックセブンスコードの例を観察して、9ページの、ローマ数字表記によるAABAフォームの構造、に戻って考えると、数字表記が、どのように機能しているのかが分かることと思います。
　ダイアトニックコードの構造について実践的な知識があると、その場で、曲やコード進行を分析したり、曲の調性を判断するのに役立ちます。

© Waterfall Publishing House 2011

"2"フィール

次の練習課題は、Bbのリズムチェンジの"2フィール"を使った基礎になるベースラインを表しています。この"2"フィールは曲のテーマ及び最初のソロコーラスにおいてしばしば用いられ、バンド及びソロイストが曲を盛り上げていくのに役立ちます。下記の演奏例は、トライアド（三和音）として知られるコードの構成音、1，3，5を基に、この"2"フィールのリズムを使って書かれているものです。

例 1

"2フィール"を装飾する

　次の例では、リズムの要素をベースラインに取り入れ、音楽が前に進む力を与えて、ベースラインをもっとリズム的に面白くしていきます。このように"2"フィールをくずしていくことは、"4"フィールに移行する際の助けにもなります。

　例に、例2で見られるように、ラインをくずして行くとき、重要になるのは曲のメロディー、或いはソロイストをサポートする、ということをいつでも念頭において置くことです。

　最後のコーラスの最後の4小節では、次のコーラスで"4"フィールへ移行していく様子が見て取れます。

例2

© Waterfall Publishing House 2011

ドミナントセブンスコード

次の例は、"4"フィールを使った、Bbのキーのリズムチェンジを示しています。この例では、トライアド（３和音）の構成音１、３、５を使ってウォーキングベースラインを組み立てています。

ここで、ボイスリーディングのテクニックをこの練習課題の"A"セクションの4,5小節目に。同じことをブリッジ、すなわち"B"セクションに適用していきます。ドミナントセブンスコードのb7thが次のコードのコードトーンに全音上がるか半音下がるかして、解決していきます。ボイスリーディングを行う際に使うドミナント7thコードは、トライアドにもう一つb7thを付け足したものです。(1,3,5,b7の構成音)

例1、F7のb7thであるEbが、半音下がって、Bbmaj7の3rdである、Dに解決しています。

例2、F7のb7thであるEbが、全音上がって、Bbmaj7の5thであるFに解決しています。

例3、Bb7のb7thであるAbが、半音下がって、Ebmaj7の3rdであるGに解決しています。

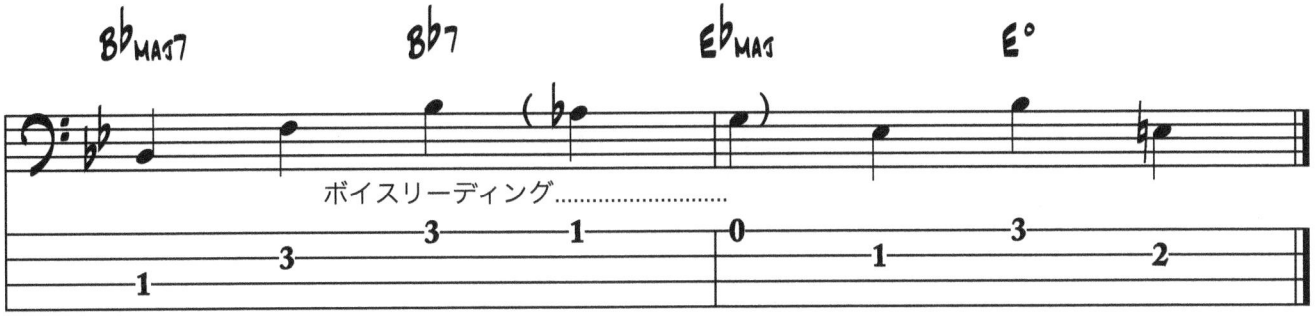

例4、G7のb7thであるFが、半音下がって、C7の3rdであるEに解決しています。

次のチャプターでは、Bbのリズムチェンジ（循環）の中で、ドミナントセブンスコードを使ったボイスリーディング例を示しています。

ジャズベースラインでのドミナントセブンスコードの使用例

＊ドミナント7thコードを使ったボイスリーディング例はカッコを使って表示しています。

下からのクロマティック（半音階）アプローチ

　次の例では、クロマティックアプローチノートを使っていきます。
ここでは、ターゲットコードのコードトーンの半音下のアプローチノートを使います。
これは、ラインの輪郭や、固有のサウンドを作り出すのに、非常に有用なテクニックです。
クロマティックアプローチノートは、他のテクニックと共に、全てのベーシストが日々求める、
"自分のサウンド"を形作る基礎になります。

＊クロマティックアプローチノート例はカッコを使って表示しています。

上からのクロマティックアプローチ

次の例は前項から続く、クロマティックアプローチですが、今回は、ターゲットコードのコードトーンに半音上からアプローチするアプローチノートについてです。
前の例からも分かるように、クロマティックアプローチは正しく使えば、大変効果的ですが、反面、多用するとその効果を失いがちでもあります。
　クロマティックアプローチを使う上での、一般的なルールとしては、1拍と3拍ではコードトーンを使い、2拍と4拍でクロマティックアプローチを使う、ということになります。
使い方に慣れることで、ベースラインの輪郭と方向性が見えてくればどこでクロマティックアプローチを使うと効果的か、ということも分かってくるでしょう。

© Waterfall Publishing House 2011

＊クロマティックアプローチノート例はカッコを使って表示しています。

クロマティシズム、、、、ウォークアップとウォークダウン

　次の例では、続いて、半音階アプローチについて、ジャズのベースで、よく使われる２つのテクニックについて述べます。
　ウォークアップとは、次のコードに２段階のクロマティックノートで、下からアプローチすることを言います。ウォークダウンとは、次のコードに２段階のクロマティックで、上からアプローチすることを言います。これらは大変力強いベースの動きであり、ラインがどこに向かっていくかがはっきりとします。

ウォークダウン、、、

ウォークアップ、、、

同音連打とクロマティシズム

　次の例では、半音階と同音連打の組み合わせについて述べます。
同音連打は、ハーモニーの移り変わりが多くなってくると、特に有用です。
　（１小節に２つのコードがある場合など）同音連打は、ビーバップの時代に、コードの構成が１小節内に、２つ、或いは４つと、多くなってきたことから、とりわけよく使われるようになりました。同音連打は、ハーモニーの輪郭を形作ることで、コードの移ろいの感覚がよりはっきりすると同時に、音楽が前進する力も与えます。

© Waterfall Publishing House 2011

＊同音連打例はカッコを使って表示しています。

ハーモニックアンティシペーション（和声的な先行打）
及び、小節をまたぐ奏法

　次の例では、小節をまたぐ奏法、或いは次のコードに先行して弾くテクニックについて見て行きます。例えば、ハーモニーが1拍、或いは半拍早く演奏されて、それが次の小節にタイで繋がれているとします。これも、ベースラインに前進する力を与える一つのテクニックです。
　このテクニックをベースラインに組み入れていく時に重要になってくるのは、メロディー、或いはソロイストをサポートして、安定した基礎を提供するということです。

*小節をまたぐ奏法、或いは次のコードに先行して弾くテクニック例はカッコを使って表示しています。

ボイスリーディングとセブンスコード

　次の例では、セブンスコードを使って、ボイスリーディングを行っていきます。ボイスリーディングは全ての和声的な楽器において、大変有用なテクニックです。ここで言うボイスリーディングとは、コードトーンが次のコードのコードトーンに、全音、或いは半音で解決することを言います。これによって、ベースラインはより力強くなり、ピアノのコードボイシングとも共有する部分が出てきます。ソロイストは、しばしばガイドトーンラインを作るのに、この方法を使います。（ガイドトーンとはコードの性格を決める、コードの3度と7度の音を指します）

例、ここでは、Cmin7のb7thであるBbが、ⅡⅤⅠの進行の中で、半音下がって、F7の3rdのAに解決しています。

例、ここでは、F7のb7thであるEbが、半音下がって、Bbmaj7の3rdであるDに解決しています。

次のチャプターでは、Bbのリズムチェンジ（循環）の中で、実際にセブンスコードを使ったボイスリーディング例を示しています。

ジャズベースラインでのセブンスコードのボイスリーディング使用例

*セブンスコードを使ったボイスリーディング例はカッコを使って表示しています。

© Waterfall Publishing House 2011

ペダルポイント

　次の例では、ペダルポイントと呼ばれるテクニックについて見て行きます。これには様々な種類があります。同じ音を何拍も、何小節にも渡って繰り返すもの、特定のリズムを伴うペダルポイントなど。ペダルポイントは、曲のイントロでよく使用されます。例えば、管楽器奏者に、ドミナントのペダルを弾いて欲しい、と言われるようなことがあったりするでしょう。

　色んなペダルポイントが存在しますが、ジャズでよく使われるのに、2拍と4拍目にペダルノートを弾く、というものです。他のタイプのペダルポイントの使用方法に、全てのコード進行を通じて一つのベース音のみを弾くことによって、音楽の緊張感を高めるものがあります。これは、後にペダルの音が解除されて、ウォーキングベースに切り替わることによって、緊張が解け、音楽にメリハリがでます。これらは、聴いている人達に、バンドが真に音楽を演奏しているという感覚を持たせることができるでしょう。

© Waterfall Publishing House 2011

トライトーンサブスティチューション（トライトーン代理）

　次に見ていくのは、トライトーンサブスティチュートとして知られる、和声的なテクニックです。トライトーンサブスティチュートは、様々な方法で使われます。第一の使い方としては、メロディーやソロに対して、違ったコードテンションを作るのに使われ、また、メロディーをより面白く、また違った感じにすることもできます。これは個人的な好みの分野でもあります。
　良いメロディとは、そのままの状態で素晴らしく、故に曲が"スタンダード"になり得るのですから。
　もう一つの機能としてのトライトーンサブスティチュートは、半音階的なベースの動きを作り出し、非常に強力な前進力を生み出すということです。

　トライトーンという言葉は、基になる音から、３全音離れている音程である、というところに由来しています。
　次の例では、Fを基にして、３全音動くと（上下問わず）B音になり、これがトライトーンの音程となります。

例、次の例では、F7のコードに続いて、そのトライトーンサブスティチュートであるB7があります。ドミナントセブンスコードは、トライトーンの音程である２音のみで、表現することが可能です。F7の例で言えば、AとEbになります。トライトーンの持つ特徴的な音程のために、その音はすぐさまドミナントセブンスであると分かるでしょう。メジャーコードや、マイナーコードには、テンションを除外すると、トライトーンの音程は含まれていません。つまり、下記の例を見て、両方のドミナントコード（F7とB7）の共通の音を探せば、AとEbということになり、それは異なるコードでありながら、全く同じ特徴を持っているので、置き換えが可能ということになるのです。

注意として、EbとD#は異名同音です。

© Waterfall Publishing House 2011

トライトーンサブスティチューションの応用的な使用

次の例では、半音階なルートの動きで、ベースラインを組み立てることに関連した、トライトーンサブスティチューションの使い方を見ていきます。

次の例では、BbのキーでのII V進行があります。例えば、Cmin7 F7 はBbmajに解決します。

次の例ではトライトーンサブスティチューションをCmin7　F7　Bbmajのコード進行に適用してみます。すると、次のようなCmin7　B7　Bbmajという進行になります。ここで、コードのルートが、半音階で動いていることが分かるでしょう。

続いて、今度は、関連するIImin7をトライトーンサブスティチュートに加えてみます。ここで、先に述べた、ダイアトニックセブンスと、ローマ数字による表記、に対する理解が活かされることになります。
B7のトライトーンに関係するIImin7はF#min7になります。
新たなコード進行は次のようになります。

2小節目は、2つのコードが存在することになり、コード進行に和声的なバラエティが生まれています。この手法は、とりわけ、ビバップのプレイヤーによって使われました。

続けて、トライトーンサブスティチューションの前に、元々あるII V（Cmin7 F7）を入れることによって、より和声的なバラエティが得られます。
コード進行は次のようになります。

　トライトーンサブスティチューションを使って、和声的なバラエティを作り出すことは、個人の趣味によるところが大きく、これらの手法は、実際に演奏される音楽の内容において、適応するように使われなければなりません。（音楽のスタイル上、同じジャズであっても、当然この手法が合わないものもある、ということです。）

　ジャズにおけるベーシストの役割とは、ハーモニーを輪郭づくり、スイングするラインを提供して、ソロイストや、メロディをより際立たせるための、安定した基礎を築くことにあります。これは、実際にミュージシャンになる上でのヒントにもなるでしょう。

© Waterfall Publishing House 2011

ターンアラウンド

　この項では、ターンアラウンドについて見て行きます。ターンアラウンドとは、曲の頭に引き継ぐ役目を果たす、コード進行の最後の２小節にあたります。かなり頻繁にバンドの誰かが、"turn it around"というのを耳にするかも知れません。これは次の曲を、ターンアラウンドで始めるということです。ペダルポイントのイントロと同じく、ターンアラウンドで始めるイントロも、よく使われ、曲のメロディーが入ってくるまで、何度も繰り返すことができます。

最も一般的なターンアラウンドはⅠⅥⅡⅤという進行ですが、ここではBbのリズムチェンジに関連しています。

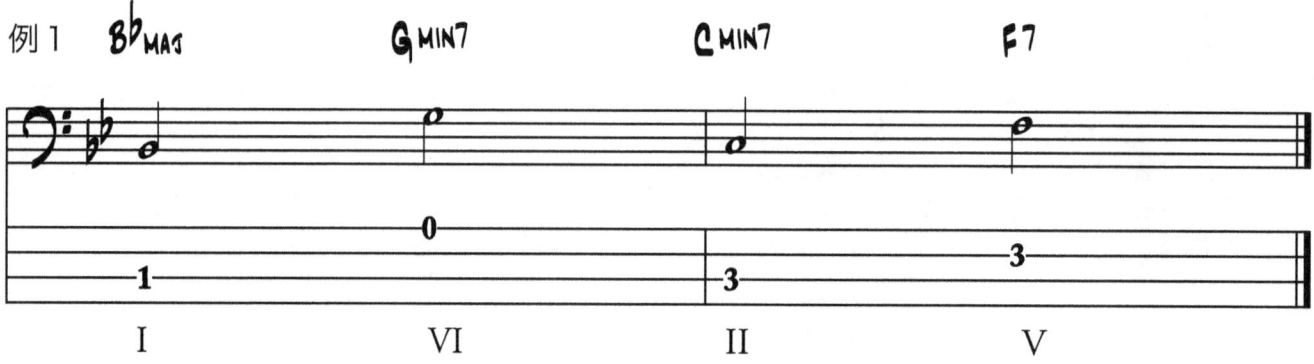

次の例では、ⅠコードをⅢコードと取り替えてみます。例の中では、Ⅵコードがドミナントセブンスコードになっていますが、これは、Cmin7への、セカンダリードミナントとして機能しているからです。

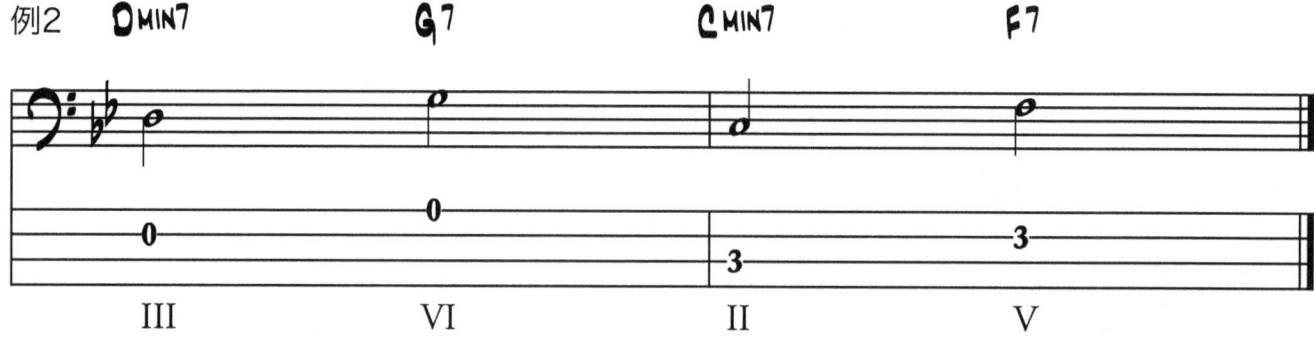

© Waterfall Publishing House 2011

次に、トライトーンサブスティチュートを当てはめてみます。これによって、半音階的なルートの動きが生まれます。

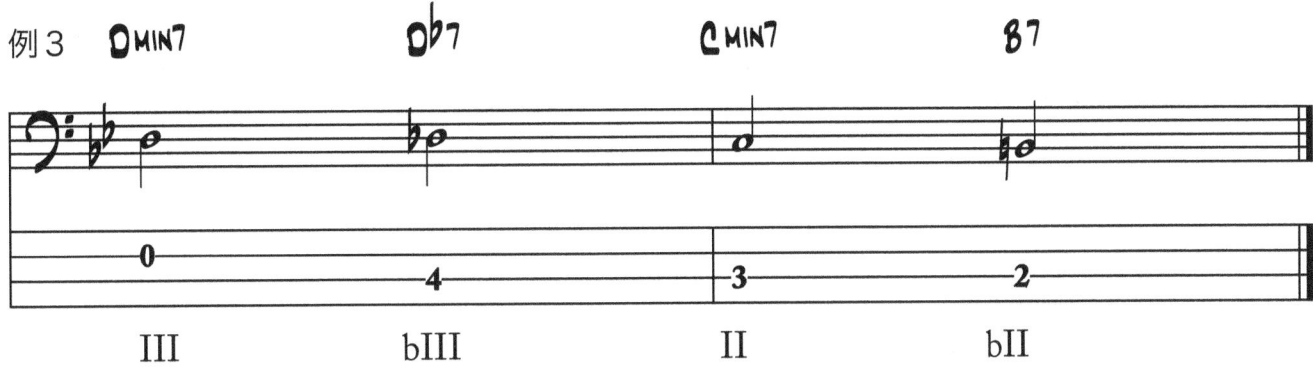

前項を復習することになりますが、トライトーンサブスティチュートに、関係するIImin7を使うことで、ターンアラウンドに、より和声的なバラエティを与える事が出来ます。
続くコード進行は、次のようになるでしょう。

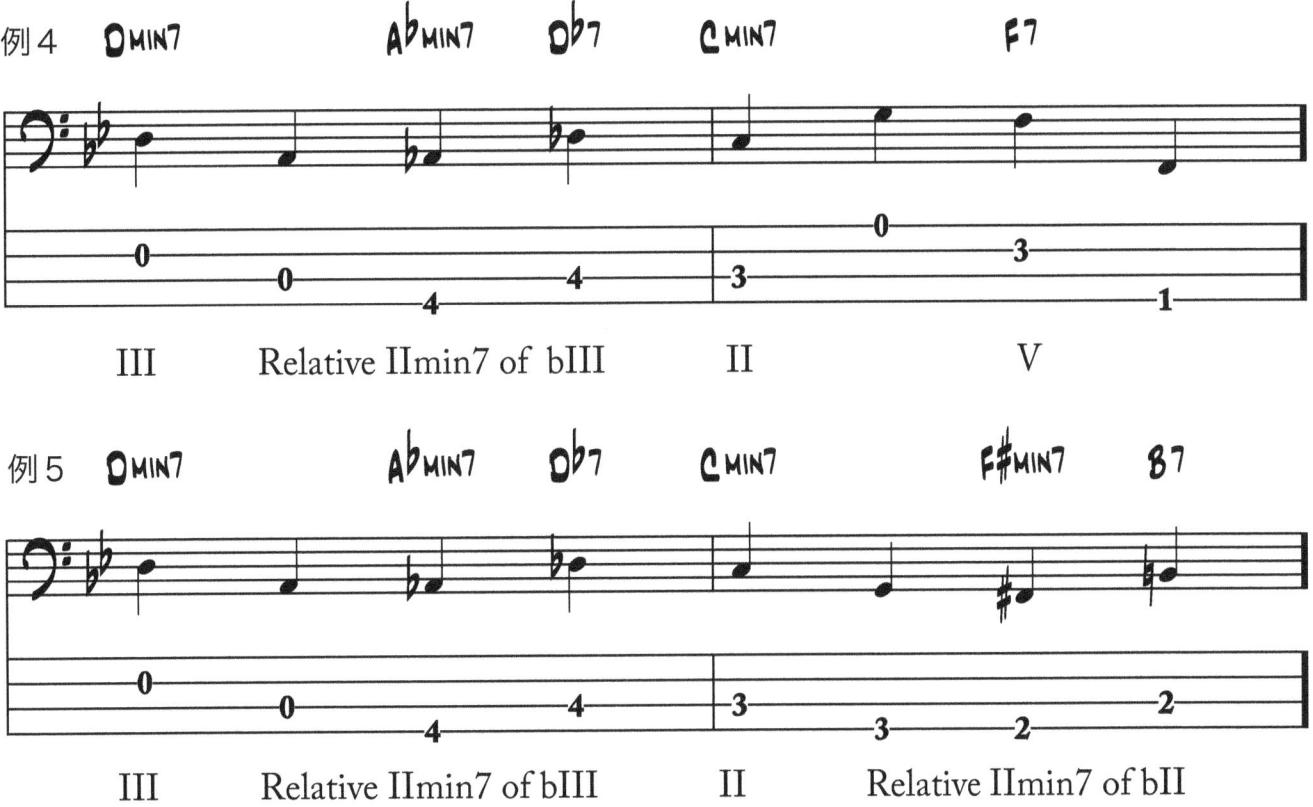

ターンアラウンドと、AABAフォーム

　前項では、ターンアラウンドと、いくつかのバリエーションを見てきました。AABAフォーム上では、ターンアラウンドに関して、ベーシストにとって、新たな課題が生まれてきます。
　次の例では、最初のAセクションにおいて、Bbmajに解決するⅢ Ⅵ Ⅱ Ⅴの進行を使ったターンアラウンドがあります。
　2nd Aに移ると、Ⅰ Ⅵのコード進行に気づくでしょう。これは、曲がフォームの別のパートに移る前に、一度解決していると考えられます。Bセクションであるブリッジは、多くのAABAフォームの曲で見られるように、異なったハーモニーの構造を持っています。
　次のセクションへ移行する前に、2nd Aは解決されなければならないのです。これは物語で、ひとつのチャプターが終わる、というようなものと考えると分かりやすいでしょう。
　最後のAセクションでは、ターンアラウンドは、曲の頭に戻ります。ここでは、Ⅰ Ⅵ Ⅱ Ⅴの進行や、その他のサブスティチュートを使うことができます。

© Waterfall Publishing House 2011

パートⅡ　　リズムチェンジにおける"A"セクションのコード進行

　続く演奏例では、リズムチェンジの"A"セクションで使われるコード進行のバラエティを見ていきます。各2コーラスを一括りとして、最初のコーラスは基本的な"2"フィールを使って、続く2コーラス目では"4"フィールを使って書かれています。

　リズムチェンジのフォームはAABAです。最初の"A"が、セカンド"A"とわずかに違うのは、セカンドAが、Bセクションに移行する前に、一度解決しているからです。

　ここでは、音楽を常に面白くするという観点で、ソロイストの伴奏をする上で、実際に使っていける、一般的なコード進行について見ていきます。リズムチェンジは、早いテンポで演奏されることが多く、色々なコード進行のバラエティや、利用可能なサブスティチュートを自由に使えることは、向上心のある、どのベーシストにとっても価値ある財産となるでしょう。

　次の演奏例は、ほとんど全般に渡って、パートⅠで述べてきたいくつかの手法を織り込み、おおよそトライアドのみを用いて、楽器の低音域を使って書かれています。

　リズムチェンジでもその他の曲でも、それらの手法を用い、ベースの低音域でウォーキングベースラインを演奏できることには価値があります。まずこれは、バンドのサウンドに深みと基礎を提供しますし、ベーシストにとって、低音域で演奏することには、音程を安定させる上で、明らかに利点があります。どんな曲でも、オープンポジションから半音以上シフトすることなく演奏できると、音程を安定させることが、また早いテンポでの演奏が、より容易になるでしょう。

　この本のパートⅣでは、楽器の全音域を使いながら、様々な手法について深く掘り下げていきます。

© Waterfall Publishing House 2011

例1

例2

例3

例4

例5

例6

例7

例8

© Waterfall Publishing House 2011

パートIII　　　　　リズムチェンジ"ブリッジ"

　続くチャプターでは、リズムチェンジの"ブリッジ"即ち"B"セクションと、そこで使われ得るバリエーションについて見ていきます。
　このチャプターでの内容を確認した後に、前のチャプターに戻って、これから述べる、ブリッジにおけるサブスティチュートの例を、"A"セクションにおけるサブスティチュートの例と共に、整理しておくことが必要になってくるでしょう。
　コード進行のコンビネーションを書き出して、練習の課題として組み込むことも必要でしょう。
　そうすることによって、より多くのバリエーションを体得できますし、より複雑なベースラインの動きを聴き取ることもできるようになるでしょう。そして、その場ですぐにコードを入れ替えられることは、ソロイストに変化のあるハーモニーを提供する、という観点からも、非常に求められている能力でもあります。
　この本の最後のチャプターの、１２のキーによるリズムチェンジ、では、様々なバリエーションや、コードのコンビネーションが、演奏例として、カバーされることになっています。

© Waterfall Publishing House 2011

セカンダリードミナントコード

　　セカンダリードミナントという用語は、ジャズの理論及び和声においてしばしば用いられている用語です。
　次の例では、リズムチェンジのブリッジにおける、V of V のサイクルの用法を示しています。
　　Bbのキーでは、以前に述べた、ダイアトニックセブンスのチャートによれば、マイナーセブンスコードは、Cmin7、Dmin7そしてGmin7ということが分かっています。マイナーセブンスコードはドミナントにすることも出来ます。これがセカンダリードミナントと呼ばれているものです。それゆえ、Bbメジャーにおいては、セカンダリードミナントはC7、D7、G7となります。
　　もう一度、ダイアトニックセブンスのチャートを確認してみると、ドミナントセブンスコードとは、Vコードであることが分かります。
　　下記のBbのリズムチェンジのブリッジの例を見てみると、V of V のサイクルがあることが分かるでしょう。

　例えば、Dは、G7の5度にあたりますーV of V7、　Gは、C7の5度にあたりますーV of V7、
　　　　　Cは、F7の5度にあたりますーV of V7、　F7は、BbのキーのVコードにあたります。

それゆえに、ブリッジは、F7に到達するまで、5度ずつ移動するという、セカンダリードミナントを用いて、V of V のサイクルが表されているのです。F7はセカンダリードミナントでなく、BbメジャーのVコードです。

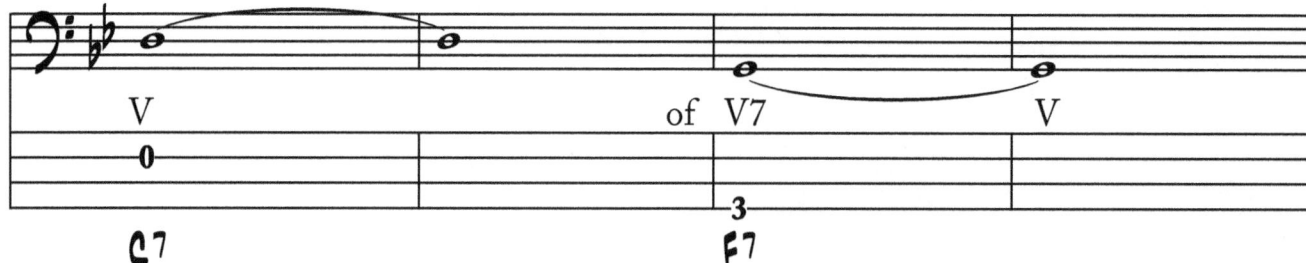

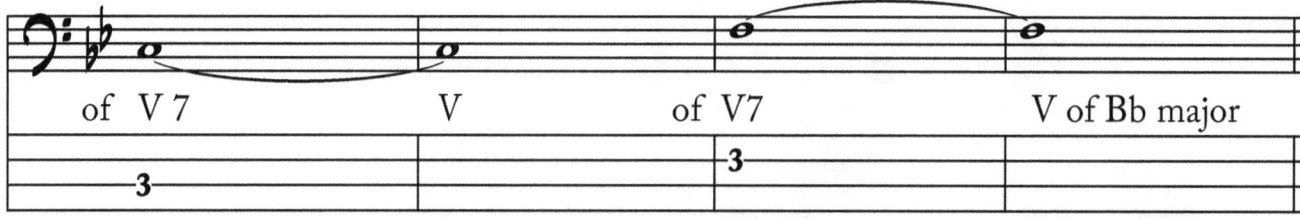

　　ここが、V of V の表記法の由来するところです。通常、ドミナントセブンスコードはトニックに解決するのですから。例として、F7はBbmajに解決します。
ドミナントセブンスコードは、常に解決したいという欲求がありますから、セカンダリードミナントを用いることによって、ドミナントが、次にある、別のドミナントに移動するというV of V のサイクルを見ることになります。ドミナントコードの連続は、このサイクルが最終的にメジャーコードに解決するまで、音楽の緊張を高めます。
　　リズムチェンジのブリッジは、このV of V のサイクルの古典的な例の一つです。

© Waterfall Publishing House 2011

リズムチェンジ "ブリッジ"（セクションB）における代理コード使用例

例1、V of V のサイクルに、関係するIImin7を加えたBセクションの例。（Amin7　D7、Dmin7　G7等）

何度も言うことになりますが、様々なコード進行の中で、コードの関係を、すばやく捉えて理解出来るようになる、ということからも、ダイアトニックセブンスと、ローマ数字による表記を、きちんと理解しておくことには、非常に意味があります。

例2、半音階で下降するルートの動きを作ることになる、トライトーンサブスティチュートを使ったV of VサイクルのBセクションの例。

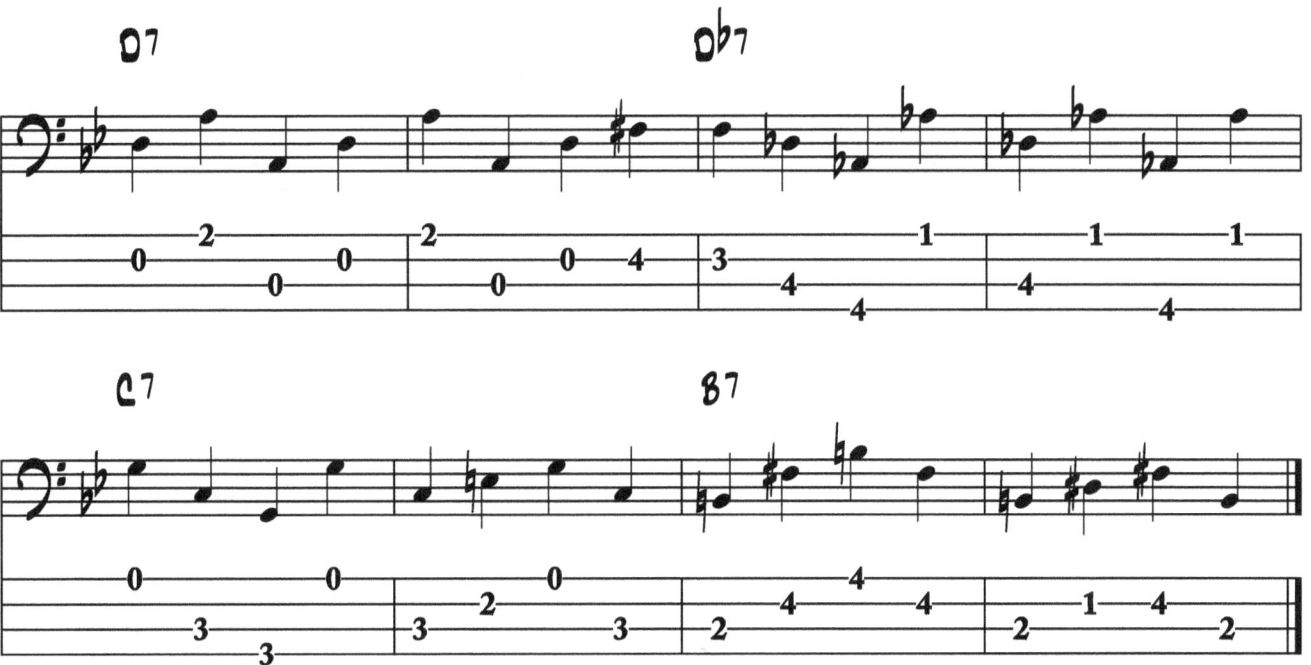

© Waterfall Publishing House 2011

例3、トライトーンサブスティチュートに、関係するIImin7コードを加えた、下降する半音階のルートの動きを持つBセクションの例。

例4、下降する半音階のルートの動きを持つBセクションの例のバリエーションになります。ここでは、ブリッジの頭のコードが、トライトーンサブスティチュートになっています。

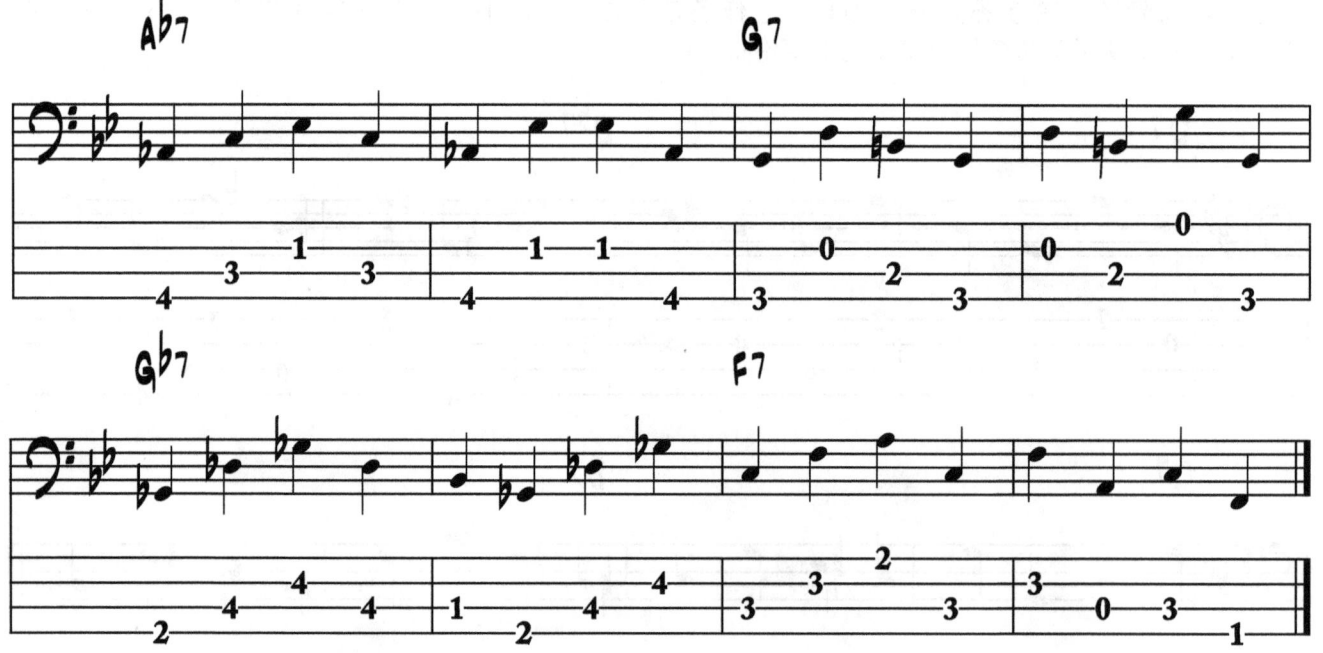

例5、上記の例に、関係するIImin7を付け加えたBセクションの例。

例6、トライトーンサブスティチュートのバリエーションの一つ。このBセクションは、ハーモニーの移り変わりが多くなっています。2小節目では、D7のトライトーンサブスティチュートであるAb7が、関係するIImin7を伴って使われています。（例、Ebmin7 Ab7）

例7、例6のハーモニーの移り変わりを、もっと密にしたものになります。この例では、Bセクション全般に渡って、関係するIImin7が使われています。

例8、II V進行の連続になります。Bセクションの後半の4小節を見てみると、関係するIImin7を伴った、トライトーンサブスティチュートによって、下降する半音階のルートの動きがあり、ハーモニーが密になっています。
前半の4小節は、下降する半音階のII V進行になります。このBセクションの例は、それゆえ、全般に渡り、下降する半音階のII V進行の連続、ということになります。

例９、このBセクションの例は、IVコードに転調しています。Bbのキーでは、Ebmajになります。これは、ジャズで大変良く使われる手法のひとつです。この進行は、EbのキーのII V I III VI II Vのように聞こえますが、実のところ、最後のII Vは、Bbmajに戻るII Vになっています。後半の4小節は、関係するIImin7を伴う、V of Vのサイクルであると言えるでしょう

例１０、このBセクションは、4度上に転調していますが、これは、EbのキーのリズムチェンジのAセクションがそのまま、このBbのリズムチェンジの、Bセクションのバリエーションになっている形です。

© Waterfall Publishing House 2011

例１１、ディミニッシュ（min 3rd すなわち短3度）のサイクルを使ったBセクションの例になります。頭のコードが、Bセクションの元々のコードD7のトライトーンサブスティチュートである、Ab7で始まっていることに注目してください。そこからmin 3rd のサイクルを続け、BbmajのVコードであるF7に至ります。

例１２、これも、ディミニッシュのサイクルの例になりますが、ここでは関係するIImin7を伴うコード進行になっています。

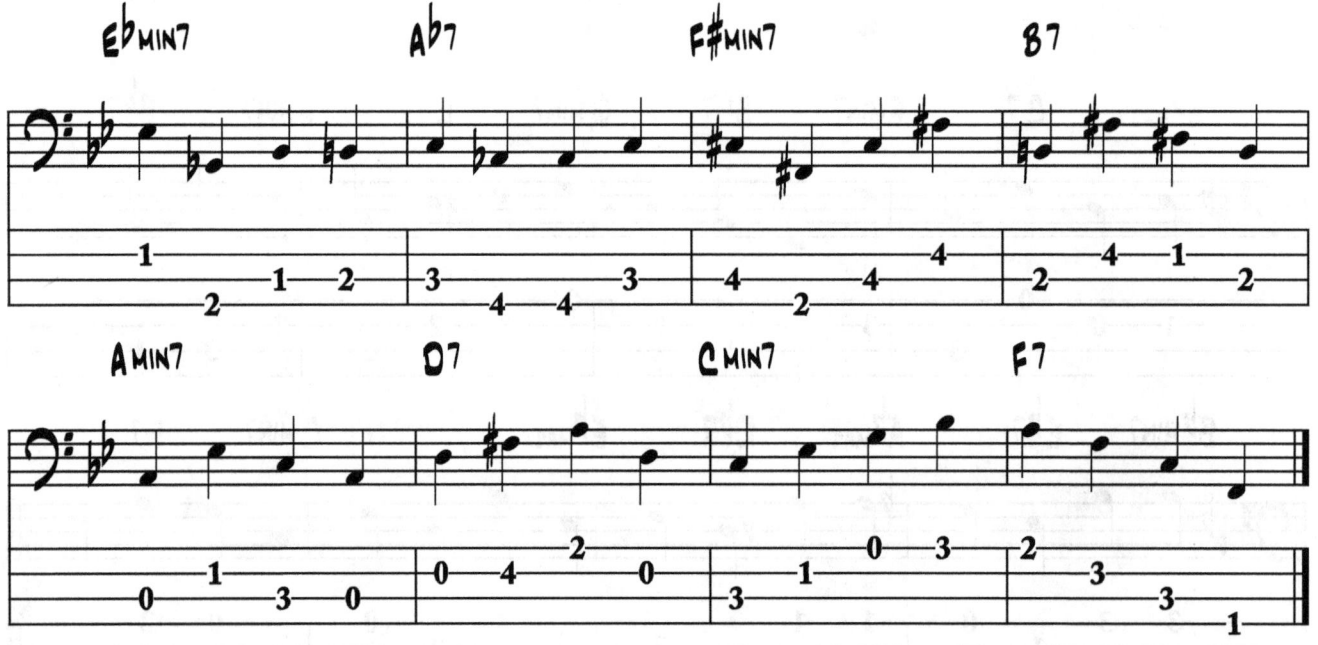

パート IV　　　　12キーによるリズムチェンジ

　これから後のページでは、パート I, II, III で述べられた、様々なラインや代理コードについて、深く観察して行くことになります。次のページからの、リズムチェンジのベースラインは、楽器の全音域をカバーして書かれていますが、コード進行の輪郭を形作り、ソロイストやメロディに対して、和声的に、かつリズムにおいてサポートする、というジャズにおけるベースの主な役割を決して逸脱してはいません。

　次のページからの演奏例は、これまでのページで述べられた手法や、コード進行を用いた、12キーによるリズムチェンジの一つの研究例、ということになるでしょう。

© Waterfall Publishing House 2011

リズムチェンジ（循環）キー イン Bb

リズムチェンジ（循環）キー イン B

107

リズムチェンジ（循環）キー イン C

リズムチェンジ（循環）キー イン Db

リズムチェンジ（循環）キー イン D

リズムチェンジ（循環）キー イン Eb

リズムチェンジ（循環）キー イン E

リズムチェンジ（循環）キー イン F

リズムチェンジ（循環）キー イン Gb

リズムチェンジ（循環）キー イン Ab

リズムチェンジ（循環）キー イン A

あとがき……

　本書に掲載されている全ての実例と、全12キーのリズムチェンジ（循環）を練習して、一番最後のページに辿り着くまでには、大変な努力とたゆまない練習が掛かった事と思います。
　本書の狙いは、どのようにしてウォーキング ジャズベースラインを構築していくか、そしてどのようにベーシストとしてメロディー/ ソロイストをサポートしていくか、の理解を含んだ確実な基礎を、ベーシストとしての技術的向上を目指す者に紹介していく事です。

　本書の中にある題材を理解し、身に付けたあなたは、それをもとに 一人のベーシスト、一人のジャズミュージシャンとして、あなた自身のやり方で、あなた自身の音楽を探求していって下さい。
　出来る限り、沢山の音楽を聴いて欲しいと思います。
とりわけ、マスターと呼ばれている人達の音楽を聴いて下さい。

[注]
　本書は、学生の方にも分かりやすくリーディング、理解出来るように、コードシンボルはジャズスタイルを背景にしています。従って、異名同音(例 Cb7がB7と表示)が使われています。

　 本書は、音楽をを勉強している学生の方にも、簡単に理解してもらえるように出来るだけ分かりやすく 説明しています。
　ベースプレイヤーとしての自信を、理解と共につけていける様に。

　次の世代のミュージシャン達に、クオリティーの高い教材を供給し続ける為にも、貴方のご意見／ご感想を頂ける事は、私共にとって、とても意味のある事です。

宜しければ、この本のご意見／ご感想を下記のアドレスまでお寄せ下さい。
constructwalkingjazzbasslines@gmail.com

© Waterfall Publishing House 2011

Other books available in this series このシリーズのその他の本

日本語での出版物

コンストラクティング ウォーキング ジャズベースラインズ ブック I
ウォーキング ベースラインズ ブルース in 12 keys

コンストラクティング ウォーキング ジャズベースラインズ ブック II
ウォーキング ベースラインズ リズムチェンジ(循環) in 12 keys

コンストラクティング ウォーキング ジャズベースラインズ ブック III
ウォーキング ベースラインズ スタンダードライン (カミングスーン)

コンストラクティング ウォーキング ジャズベースラインズ ブック IV
(カミングスーン)

ベースタブ譜シリーズ

コンストラクティング ウォーキング ジャズベースラインズ ブック I
ウォーキング ベースラインズ ブルース in 12 keys タブ譜バージョン

コンストラクティング ウォーキング ジャズベースラインズ ブック II
ウォーキング ベースラインズ リズムチェンジ(循環) in 12 keys タブ譜バージョン

コンストラクティング ウォーキング ジャズベースラインズ ブック III
ウォーキング ベースラインズ スタンダードライン　タブ譜バージョン
(カミングスーン)

コンストラクティング ウォーキング ジャズベースラインズ ブック IV
タブ譜バージョン　(カミングスーン)

イーブックシリーズ

コンストラクティング ウォーキング ジャズベースラインズ ブック I
ウォーキング ベースラインズ ブルース in 12 keys

コンストラクティング ウォーキング ジャズベースラインズ ブック II
ウォーキング ベースラインズ リズムチェンジ(循環) in 12 keys

コンストラクティング ウォーキング ジャズベースラインズ ブック III
ウォーキング ベースラインズ スタンダードライン (カミングスーン)

コンストラクティング ウォーキング ジャズベースラインズ ブック IV
(カミングスーン)

© Waterfall Publishing House 2011

イーブックシリーズ　続き

ベースタブ譜シリーズ

コンストラクティング ウォーキング ジャズベースラインズ ブック I
ウォーキング ベースラインズ ブルース in 12 keys タブ譜バージョン

コンストラクティング ウォーキング ジャズベースラインズ ブック II
ウォーキング ベースラインズ リズムチェンジ(循環) in 12 keys タブ譜バージョン

コンストラクティング ウォーキング ジャズベースラインズ ブック III
ウォーキング ベースラインズ スタンダードライン　タブ譜バージョン
(カミングスーン)

コンストラクティング ウォーキング ジャズベースラインズ ブック IV
タブ譜バージョン　(カミングスーン)

ENGLISH PRINT EDITIONS

" Constructing Walking Jazz Bass Lines " Book I
Walking Bass Lines : The Blues in 12 Keys

" Constructing Walking Jazz Bass Lines " Book II
Walking Bass Lines : Rhythm Changes in 12 keys

" Constructing Walking Jazz Bass Lines " Book III
Walking Bass Lines : Standard Lines

" Constructing Walking Jazz Bass Lines " Book IV
- coming soon

Bass Tablature Series

" Constructing Walking Jazz Bass Lines " Book I
 Walking Bass Lines : The Blues in 12 Keys -Bass TAB Edition

" Constructing Walking Jazz Bass Lines " Book II
Walking Bass Lines : Rhythm Changes in 12 Keys - Bass TAB Edition

" Constructing Walking Jazz Bass Lines " Book III
Walking Bass Lines : Standard Lines - Bass TAB Edition

" Constructing Walking Jazz Bass Lines " Book IV
 Bass TAB Edition - coming soon

© Waterfall Publishing House 2011

E-BOOK EDITIONS

" Constructing Walking Jazz Bass Lines " Book I
Walking Bass Lines : The Blues in 12 Keys

" Constructing Walking Jazz Bass Lines " Book II
Walking Bass Lines : Rhythm Changes in 12 keys

" Constructing Walking Jazz Bass Lines " Book III
Walking Bass Lines : Standard Lines

" Constructing Walking Jazz Bass Lines " Book IV
- coming soon

Bass Tablature Series

" Constructing Walking Jazz Bass Lines " Book I
 Walking Bass Lines : The Blues in 12 Keys -Bass TAB Edition

" Constructing Walking Jazz Bass Lines " Book II
Walking Bass Lines : Rhythm Changes in 12 Keys - Bass TAB Edition

" Constructing Walking Jazz Bass Lines " Book III
Walking Bass Lines : Standard Lines - Bass TAB Edition

" Constructing Walking Jazz Bass Lines " Book IV
- Bass Tab Edition - coming soon

最新のニュース,新刊のお知らせは下記のホームページをご覧下さい。

http://waterfallpublishinghouse.com

http://constructingwalkingjazzbasslines.com

http://basstab.net

　　ウォーターフォールブリッシングハウスはザ ツリー フォー ザ フューチャー オーガニゼーションと提携しています。(ザ ツリー フォー ザ フューチャー オーガニゼーションのホームページ www.plant-trees.org)。
　　ウォーターフォールパブリッシングハウスは ツリー フォー ザ フューチャー オーガニゼーションのツリー プランティング プログラムを通して コンストラクティング ウォーキング ジャズ ベースライン シリーズの本1冊が 購入される度に世界中に2本の樹を植えています。

© Waterfall Publishing House 2011

www.ingramcontent.com/pod-product-compliance
Lightning Source LLC
Chambersburg PA
CBHW081833170426
43199CB00017B/2720